Theresa Marrama

Always be proud of who you are! You are enough!

TABLE DES MATIÈRES

ACKNOWLEDGMENTS

A big **MERCI BEAUCOUP** to the following people: Cécile Lainé, Françoise Piron, Adam Vaughan, Heather Lemon, Jessica Harmon, Krisin Archambault, Amine Benlouaf and Awatif Doubaj. Not only did all of you provide great feedback but you were always there to look over my work whenever asked.

Prologue

Bette est dans la voiture de sa mère. Elle est anxieuse. Ses mains tremblent. Son cœur commence à battre rapidement.

« Je ne peux pas faire ça. Elle ne va jamais comprendre » pense Bette.

Elle a peur. Pas de sa situation ou de la nouvelle qu'elle va dire à sa mère. Elle a peur parce qu'elle ne sait pas comment sa mère va réagir.

« Comment est-ce possible que tout aille enfin bien dans ma vie mais que tout soit en désordre en même temps ? » pense Bette.

À ce moment-là, Bette comprend que tout va changer. Mais, en réalité, tout doit changer pour qu'elle soit heureuse... Pour qu'elle soit elle-même...

C'était simple... Un bout de papier. Un bout de papier qui a changé sa vie pour toujours. Une lettre qui a ouvert son cœur.

Bette regarde sa mère et elle regarde la lettre dans ses mains. Avec tout son courage, elle commence à expliquer :

- Maman, je dois te dire quelque chose... quelque chose d'important...

Chapitre 1

Bette regarde son portable. Il est 11h00. Normalement, elle attend Clara devant son casier pour aller à la cafétéria. Bette est anxieuse. Elle est toujours anxieuse quand elle voit Clara. En réalité, elle est toujours anxieuse quand elle passe du temps avec elle. Elle n'est pas juste sa meilleure amie. Elle est sincère, sympathique, jolie. Elle est populaire, et ... bon, elle est parfaite. Elle est...

- Bette, tu viens ? Je veux manger. J'ai faim ! dit Clara quand elle arrive devant son casier.

Bette va à la cafétéria avec Clara. Elle ouvre Snapchat, elle met son bras sur l'épaule de Clara et prend un selfie. Elle prend beaucoup de photos avec Clara. Elle

écrit un message sur la photo de Snapchat.
« Elle est parfaite, non ? »

Clara voit la photo et le message. Elle
met son bras sur l'épaule de Bette. Bette
aime sa relation avec Clara. Elle n'a jamais
eu de relation comme ça avec une autre
personne. Clara comprend Bette. Bette
comprend Clara. Clara passe beaucoup de

temps avec Bette. Les deux filles sont inséparables.

- Bette, je ne suis pas parfaite. Personne n'est parfait ! dit Clara.

- Tu penses qu'Adam est parfait ! répond Bette sarcastiquement avec sa main sur l'épaule de Clara.

Adam est un garçon à l'école. Il est populaire et très sportif. Il joue au football américain à l'école. Il est fort. Bette pense que Clara est amoureuse de lui. Elle parle beaucoup de lui. Bette ne comprend pas pourquoi Adam l'intéresse. Selon Bette, Adam pense qu'il est trop cool.

- Très drôle, Bette, très drôle, répond Clara.

Bette regarde la photo de Snapchat et elle sourit. Les deux filles vont à la cafétéria pour manger.

Chapitre 2

- Bette, tu viens avec moi le week-end prochain ? demande Clara

- Je pense que oui, mais je dois demander à ma mère. Je ne pense pas que ça va être un problème, dit Bette.

Bette habite avec ses parents. Elle habite dans l'état de New York, à la campagne. Normalement, elle va chez Clara pendant le week-end ou Clara va chez elle, mais ce week-end, Clara va aller avec sa famille à un chalet dans les Adirondacks, près du Lac Champlain.

Après que les deux filles ont fini leur déjeuner à la cafétéria, Clara va en maths et Bette va en anglais.

- Envoie-moi un texto plus tard quand tu auras demandé à ta mère, dit Clara.

- Oui, je vais t'envoyer un texto ! répond Bette.

En maths, Clara ne peut pas se concentrer. Adam est en classe aussi et il est assis devant elle. Il ne la remarque pas. Il ne la remarque jamais, mais elle le remarque. Il est grand. Il a les yeux bruns. Il est fort et il est beau. Clara est perdue dans ses pensées quand elle entend :

- Tu as tes devoirs ? demande Adam.

- Quoi ? répond Clara.

Elle est surprise qu'il lui parle. Elle ne lui répond pas.

- Les devoirs, tu les as ? demande-t-il.

Clara cherche ses devoirs dans son livre. Elle les lui donne et dit :

- Oui, voilà, je ne sais pas si c'est correct mais...

Adam prend les devoirs et la conversation se termine. Adam n'est pas seulement sportif et beau. Il est intelligent. Il est le plus intelligent du cours de maths. Pas Clara ! Clara pense que le cours de maths est difficile. Le prof n'explique pas bien. Elle ne comprend pas comment les nombres sont utilisés dans un problème de maths. C'est stupide !

Finalement, la classe se termine. Clara va à son casier. Elle regarde son portable et voit qu'il y a un texto. C'est un texto de Bette. Elle commence à répondre au texto quand elle entend son nom.

- Hé, Clara !

Elle se retourne et elle voit Adam. Elle ne comprend pas. *« Pourquoi est-ce qu'il me parle ? Il ne me parle jamais »* pense-t-elle.

Chapitre 3

- Adam, ça va ?

- J'ai remarqué que tu as dit que les devoirs étaient incorrects en classe.

- Oui, le cours de maths est difficile pour moi. Je ne comprends pas bien les maths.

- Bien, si tu veux de l'aide un de ces jours, je suis tuteur. J'aide d'autres élèves en maths après l'école.

- Oh, merci, répond Clara.

Elle est surprise. Elle le regarde pendant qu'il marche vers un groupe d'amis. Il y a un groupe d'athlètes qui sont ensemble à l'école et après l'école. Ils sont inséparables. Adam est toujours avec eux. À l'école, les autres élèves appellent ce groupe « Les sportifs sans cervelle ».

À ce moment, quelqu'un touche son épaule.

- Hé, je vais parler à ma mère ce soir. Regarde tes textos ce soir ! dit Bette.

Bette est affectueuse. C'est juste sa personnalité. Clara ne répond pas. Bette voit que Clara est perdue dans ses pensées. Elle voit que Clara regarde Adam.

- CLARA ! Retourne sur terre ! dit Bette pendant qu'elle passe sa main devant les yeux de Clara.

- Quoi ? Qu'est-ce que tu as dit ? demande Clara.

- J'ai dit que je vais parler à ma mère ce soir. Attends mon texto ! Explique Bette.

- Ok. J'attends ton texto, répond Clara.

Chapitre 4

Bette est dans sa chambre. Comme d'habitude, elle écoute de la musique et elle écrit dans son journal. Elle écrit tout dans son journal. Ses pensées, les bons souvenirs et les moments qu'elle ne veut pas oublier.

Pendant qu'elle tourne les pages, elle remarque toutes les pages où il y a le nom « Clara ». Bette sourit quand elle lit les pages de son journal. Elle a beaucoup de bons souvenirs, surtout avec Clara. Elle ne peut pas imaginer sa vie sans elle.

- Bette ! On mange ! dit sa maman.

- Un moment, maman, répond Bette.

Elle ferme son journal et le met sous son lit. Elle le met sous son lit parce qu'il y a beaucoup de secrets dans son journal. Des secrets qu'elle veut garder. Un secret très important. Un secret que seule Bette connaît.

- Maman, le week-end prochain, Clara va au chalet dans les Adirondacks. Est-ce que je peux y aller avec elle ? demande Bette.

- Bette, tu es toujours chez Clara pendant la semaine et pendant le week-end. Je veux passer plus de temps avec toi, répond sa maman.

- S'il te plaît, maman ! Nous pouvons passer du temps ensemble la semaine prochaine, dit Bette.

Bette regarde sa maman tristement. Elle aime sa mère. C'est une personne très gentille. Sa mère est très religieuse et elle vient d'une grande famille haïtienne. Son père est américain, mais sa mère est haïtienne. Elle vit de façon traditionnelle. Par exemple, sa mère ne travaille pas. Elle restc à la maison avec Bette, sa fille. Sa mère croit qu'un homme doit protéger une femme. Elle croit qu'un homme doit travailler pour sa famille. Bette n'est pas d'accord avec tout ce que sa mère croit. Les choses qu'elle croit sont trop traditionnelles, selon Bette. Son père a une bonne influence sur sa mère. Il a des croyances moins traditionnelles que sa mère. Il est plus ouvert.

- Bette, je vais y penser. J'ai préparé ta soupe haïtienne favorite, la soupe Joumou.

- Oh, la soupe Joumou ! Ma favorite ! Merci, maman.

Elles mangent et continuent à parler du week-end et de la semaine.

Chapitre 5

Après l'école, Clara va à une réunion pour le club de journalisme. Elle est présidente du club. Elle aime l'anglais et elle aime aussi lire et écrire. Elle aime représenter les différentes opinions de son école. Clara ne peut pas se concentrer pendant la réunion. Elle pense à Adam. Elle est surprise qu'il lui ait parlé à l'école.

Après la réunion, elle retourne chez elle. Elle habite dans une grande maison à la campagne. Clara aime sa maison. Elle aime habiter à la campagne où c'est tranquille et calme. Quand elle rentre chez elle, elle voit sa mère assise à table.

- Salut Clara. Comment ça va ?

- Salut maman. Ça va bien !

- Je veux te dire que vendredi prochain je dois travailler. Mais quand je serai de retour à la maison et quand ton père sera rentré du travail, nous irons au chalet.

Sa mère travaille comme infirmière dans un petit hôpital et son père travaille comme policier. Ses parents travaillent beaucoup. Quand ils ont du temps, sa famille aime aller au chalet dans les Adirondacks.

Soudain, elle sent son portable qui vibre dans sa poche. Elle le regarde : c'est un message d'Adam !

Je peux t'aider en maths après l'école, si tu veux ?

Clara n'en croit pas ses yeux. Elle a un message d'Adam. Elle n'avait jamais reçu un message de lui. Elle répond au message et confirme l'heure du rendez-vous.

Ce soir-là elle ne peut pas dormir parce qu'elle est anxieuse. Elle est anxieuse pour le lendemain. Adam la rend anxieuse. Il est le plus populaire de l'école. Elle veut envoyer un message à Bette. Elle pense à Bette et aux choses qu'elle dit toujours au sujet d'Adam. Elle sait que Bette n'aime pas Adam. Elle décide que c'est mieux si elle n'envoie pas de message à Bette au sujet d'Adam. En réalité, c'est seulement son tuteur de maths.

Chapitre 6

Pendant les deux semaines suivantes, tout continue comme d'habitude jusqu'à ce qu'Adam commence à aider Clara en maths. Bette remarque que Clara passe beaucoup de temps avec Adam après l'école. C'est là qu'elle remarque que les sentiments qu'elle a pour Clara sont réels.

À l'école, Bette se concentre sur ses études. Après l'école, elle passe du temps avec sa mère et elle lit beaucoup de ses livres favoris. Elle veut une distraction, pour oublier ses émotions.

Un jour après l'école, sa mère lui demande :

- Bette, ça va ? Tu n'es pas toi-même, ces derniers temps. Tout va bien à l'école ? Tu sais que tu peux me parler.

Bette a vu que sa mère était inquiète. Elle ne voulait pas mentir, mais elle ne pouvait pas expliquer ses sentiments ou sa situation à sa mère. Elle a peur que sa mère ne la comprenne pas. Alors, elle lui dit un petit mensonge, qui est en fait un énorme mensonge.

- Oui, ça va maman. Il y a beaucoup de projets et d'examens à l'école et je suis un peu stressée. C'est tout.

Après que Bette a fini de discuter avec sa mère, elle passe beaucoup de temps dans sa chambre. Elle veut envoyer un message à Clara pour expliquer comment elle se sent. Elle commence à écrire beaucoup de messages mais, elle ne les envoie pas. Elle ne veut pas expliquer ses sentiments par un message sur Snapchat. Elle doit lui parler en personne.

Chapitre 7

Plus tard dans la semaine, Bette est à l'école. Elle n'a pas parlé à Clara depuis l'autre jour. Elle n'aime pas cette situation. Elle remarque que Clara passe du temps avec Adam après l'école et elle n'aime pas ça. Elle n'aime pas la distance entre elles.

Après le cours, Bette voit Clara marcher avec Adam. Ils se parlent et Bette voit bien que Clara est très heureuse. Clara arrive à son casier et elle voit Bette. Elle veut parler à Bette parce qu'elles ne se sont pas parlé depuis deux jours.

- Bette, tu as vu mon message, hier soir ?

- Oui.

- Et... Pourquoi tu n'as pas répondu ?

- J'ai vu ton message mais j'avais beaucoup de devoirs et après ça, je me suis couchée, répond Bette.

- Bette, tu réponds toujours à mes messages. Est-ce que tout va bien ?

- Oui, mais je dois aller en cours ou je vais être en retard.

Clara ne répond pas. Elle ne sait pas quoi dire. Elle regarde Bette pendant qu'elle marche vers sa classe. Clara ne sait pas ce qui se passe mais Bette est différente ; un peu distante. Clara est perplexe et voit bien que Bette n'est pas elle-même. Clara n'aime pas le sentiment de solitude qu'elle ressent. Elle essaie d'oublier cette situation avec Bette et elle va en cours.

Chapitre 8

Vendredi après l'école, Clara va chez elle. Elle continue à regarder son portable. Elle attend un message de Bette. Elle est un peu anxieuse parce que Bette ne lui a pas beaucoup parlé cette semaine. Elle doit passer ce week-end avec Bette. Bette lui manque. Normalement, les deux filles sont tous les jours ensemble. Clara remarque que les deux dernières semaines étaient différentes. Elle n'aime pas sa vie sans Bette.

Soudain, elle sent son portable qui vibre dans sa main. Elle le regarde : c'est un message d'Adam. Elle lit le message :

> *Si tu veux de l'aide en maths, je peux t'aider la semaine prochaine, après l'école.*

Pendant qu'elle lit son message, son portable vibre encore une fois. Elle a un autre message. Elle le regarde : c'est un message de Bette ! Clara sourit. Ce message la rend plus heureuse que tous les autres messages de la semaine. Le message dit :

> *Tu as encore l'intention de passer ce week-end avec moi ? Je comprends si tu ne veux pas.*

Elle lit le message deux ou trois fois avant de répondre. Finalement, elle écrit :

> *OUI ! Je ne veux passer ce week-end avec personne d'autre !*

Deux heures plus tard, Bette arrive chez Clara. Il y a quelque chose de différent chez Bette, et Clara peut le sentir. Elle n'est pas elle-même. Elle n'est pas affectueuse comme d'habitude, et elle ne parle pas beaucoup.

- Clara, tu es prête ? Ton père est prêt à partir, dit sa mère.

- Oui, maman. Nous sommes prêtes.

Elle met la main sur l'épaule de Bette pour l'assurer qu'elle est heureuse de passer du temps avec elle.

Plus tard, Bette, Clara et sa famille arrivent au chalet dans les Adirondacks. Tout le monde mange ensemble et passe du temps dans le lac, près du chalet.

Chapitre 9

Ce soir-là, Clara et Bette sont dehors, sous les étoiles. Elles sont assises par terre. Elles regardent les étoiles.

- Clara ? Je dois te parler.

Et, à ce moment, Bette commence à trembler. Son cœur commence à battre rapidement. Clara ne peut pas la voir parce qu'il fait sombre mais Bette commence à pleurer un peu. *Comment est-ce que je peux dire à ma meilleure amie que je suis amoureuse d'elle ?* pense Bette.

- Qu'est-ce qui se passe, Bette ? demande Clara.

Pendant un moment, les deux filles sont silencieuses.

- Je... suis amoureuse de toi, Clara.

Clara ne dit rien.

- Je suis amoureuse de toi depuis longtemps, explique Bette.

Clara ne répond pas. Bette la regarde et à ce moment, Clara met la main dans sa poche et elle prend quelque chose. C'est un papier ; une lettre.

Il y a un grand silence. Clara ne répond pas. Bette a beaucoup d'émotions. Elle ne sait pas quoi faire.

Oh non... C'était une mauvaise idée... C'était une mauvaise idée de lui dire mon secret. Est-ce qu'elle est choquée ? Est-ce qu'elle me déteste ? pense Bette.

Finalement, Clara regarde Bette. Elle lui donne le papier. Elle lui dit :

- Bette, tu es ma meilleure amie. Je pense que tu es spéciale. Je n'existe pas sans toi. Je t'aime. Je t'ai écrit une lettre, mais je pense que c'est mieux si tu la lis plus tard. La lettre explique tout.

Bette met la lettre dans sa poche. Elle sait que ce moment va tout changer entre elle et Clara. Elle le sait. Clara prend sa main et une énergie nouvelle traverse le corps de Bette. Après ce moment, les deux filles continuent à regarder les étoiles main dans la main.

****

Le lendemain, Bette se lève et va dehors pour attendre sa mère. Clara dort mais elle ne veut pas la réveiller. Dehors, elle cherche la lettre que Clara lui a donnée hier soir sous les étoiles. Elle ouvre la lettre et elle la lit.

Bette,

Je sais que ces deux dernières semaines, quelque chose a changé entre nous. Je suis désolée. Je remarque que ma vie n'est pas la même sans toi. Tu es ma meilleure amie. Je veux que les choses soient claires entre nous. Adam ne m'intéresse pas. Je regrette cette situation avec lui. Je n'ai pas voulu te blesser. Pendant que j'écris cette lettre, je suis anxieuse et j'ai peur de te dire ça... Mais...
Je pense que je suis amoureuse de toi... Alors, ce n'est pas juste que je le pense, je le sais... Je le sais depuis longtemps. Tout ça est nouveau pour nous deux, mais on peut tout affronter ensemble, comme d'habitude.

*Clara*

Quand elle finit de lire la lettre, elle sourit. Elle ne peut pas arrêter de sourire. « Clara a les mêmes sentiments pour moi que j'ai pour elle » pense Bette. À ce moment, elle voit la voiture de sa mère. Avec un grand sourire et la lettre dans les mains, elle monte dans la voiture de sa mère.

Chapitre 10

Anxieuse. Bette est très anxieuse. Ses mains tremblent et son cœur commence à battre rapidement.

Bette regarde sa mère et elle regarde la lettre dans ses mains. Avec tout son courage, elle commence à expliquer :

- Maman, je dois te dire quelque chose... quelque chose d'important...

- Dis-moi, Bette. Tu peux tout me dire.

Bette regarde la lettre dans ses mains. Elle hésite un moment et finalement elle dit :

- J'aime Clara. Clara n'est pas juste mon amie ou ma meilleure amie, je l'aime comme tu aimes papa. Je l'aime de tout mon cœur.

Il y a un grand silence. Bette est anxieuse. Sa mère ne dit rien. Elle est très anxieuse. Finalement, sa mère lui dit :

- Bette ... Je ne sais pas quoi dire...

- Je sais que tu es déçue... Mais... Je ne peux pas contrôler mon cœur maman, dit Bette nerveusement.

- Oh, Bette. Je ne suis pas déçue. Non, au contraire, je suis fière de toi. Tu es courageuse. Je suis fière de toi et je suis fière de la personne que tu es. Tu es ma fille Bette et l'amour ne connaît pas de frontières... Je ne suis pas déçue.

Bette ne répond pas. Elle regarde sa mère et elle la prend dans ses bras en pleurant.

Glossaire

a

a - (s/he) has
adirondacks - an area of mountains in Northeastern New York.
affectueuse - affectionate
affronter - to face
ai - (I) have
aide - help
aider - to help
aille - is going
aime - (I) like, (s/he) likes
aimes - (you) like
ait - (s/he) has
aller - to go
alors - so

amie - friend (female)
amis - friends
amour - love
amoureuse - in love
anglais - english
anxieuse - nervous
appellent - (they) call
après - after
arrêter - to stop
arrive - (s/he) arrives
arrivent - (they) arrive
as - (you) have
assis(e) - seated
athlètes - athletes

attend - (s/he) waits for

attendre - to wait for

attends - (I) wait for

au - to the, at the, in the

auras - (you) will have

aussi - also

autre(s) - other(s)

aux - to the, at the

avait - (s/he) had

avant - before

avec - with

b

battre - to beat

beau - handsome

beaucoup - a lot

bien - well

blesser - to hurt

bon(ne) - good

bons - good

bout de papier - piece of paper

bras - arms

bruns - brown

c

cafétéria - lunch room

calme - calm

campagne - countryside

casier - locker

ce - this

(les sportifs sans) cervelle - jocks

ces - these

c'est - it is

c'était - it was

cette - this

chalet - camp

chambre - bedroom

changé - changed

change - changes

changer - to change

cherche - (s/he) looks for

chez - at ...'s house

choquée - shocked

chose(s) - thing(s)

claires - clear

classe - class

club - club

coeur - heart

comme - like, as

commence - (s/he) starts, (it) starts

comment - how

comprend - (s/he) understands

comprendre - to understand

comprends - (I) understand

comprenne - (s/he) understands

(se) concentre - (s/he) concentrates

concentrer - to concentrate

confirme - (s/he) confirms

connaît - (s/he) knows

continue - (s/he) continues

continuent - (they) continue

contrôler - to control

contraire - opposite

conversation - conversation

corps - body

correct - correct

(me suis) couchée - (I) went to bed

courage - courage

courageuse - brave

cours - class

croit - (s/he) believes

croyances - beliefs

d

d'accord - in agreement with

dans - in

de - of

décide - (s/he) decides

dehors - outside

déjeuner - lunch

de l' - some

de la - some

demandé - asked

demande - (s/he) asks

demander - to ask

depuis - since

dernières - last

derniers - last

des - some

déteste - (s/he) hates

désordre - mess

deux - two

devant - in front of

devoirs - homework

différent(e)(es) - different

difficile - difficult

dire - to say, tell

dis-moi - tell me

discuter - to discuss

distance - distance
distante - distant
dit - (s/he) says
dois - (I) have to
doit - (s/he) has to
donné - gave
donne - (s/he) gives
dormir - to sleep
dort - (s/he) is sleeping
drôle - funny
du - some, of the, about the

e

école - school
écoute - (s/he) listens
écrire - to write
écris - (I) write
écrit - (s/he) writes, wrote
élèves - students
elle - she
elles - they
émotions - emotions
en - in
encore - still
encore une fois - again
énergie - energy
énorme - enormous
ensemble - together
entend - (s/he) hears
entendent - (they) hear
entre - between
envoie - (s/he) sends
envoyer - to send
épaule - shoulder

es - (you) are
essaie - (s/he) tries
est - (s/he) is
et - and
étaient - (they) were
était - (s/he) was
état - state
étoiles - stars
être - to be
études - studies
eu - had
examens - tests
exemple - example
existe - (I) exist
explique - (s/he) explains
expliquer - to explain

f

façon - way
faim - hunger

faire - to do, to make
fait - did
Il fait sombre - it is dark
(en) fait - in fact, actually
famille - family
favoris - favorite
favorite - favorite
femme - woman
ferme - (s/he) closes
fière - proud
fille(s) - girl(s)
finalement - finally
fini - finished
finit - (s/he) finishes
fois - time
football amèricain - football
fort - strong

frontières - boundaries

hôpital - hospital

g

garçon - boy
garder - to keep
grand(e) - tall, big
groupe - group

h

haïtienne - Haitien
habite - (s/he) lives
habiter - to live
(comme) d'habitude - like usual
heures - hours
heureuse - happy
hier - yesterday
homme - man

i

idée - idea
il - he
ils - they
imaginer - to imagine
important - important
incorrects - incorrect
infirmière - nurse
influence - influence
inquiète - worried
inséparables - inseparable
(l')intéresse - interests her
(m')intéresse - interest me
intelligent - smart

intention -
intention
irons - (we) will
go

j

j' - I
jamais - never
je - I
jolie - pretty
joue - (s/he)
plays
joumou -
haiten soup
journal - diary
journalisme -
journalism
jour(s) - day(s)
jusqu'à - until
juste - just

l

l' - the,
la - the, it, her

**Lac
Champlain -** a
lake in the
Adirondacks
le - the, it, him
lendemain -
tomorrow
les - the, them
lettre - letter
leur - thier
(se) lève -
(s/he) get up
l'heure - the
time
lire - to read
lis - (you) read
lit - (s/he) reads
livre(s) -
book(s)
longtemps -
long time
lui - to him, to
her

m

m'- to me
ma - my

main(s) - hand(s)
mais - but
maison - house
maman - mom
mange - eats, eat
mangent - (they) eat
manger - to eat
manque - is missing
marche - (s/he) walks
maths - math
mauvaise - bad
me - me, to me
meilleure - best
mensonge - lie
mentir - to lie
merci - thanks
mère - mother
mes - my
message(s) - message(s)
met - (s/he) puts
mieux - better

moi - me
moins - less
moment(s) - moment(s)
mon - my
monte - (s/he) gets into
musique - music

n

ne...jamais - never
ne...pas - do not
ne...rien - anything, nothing
nerveusement - nervously
nom - name
nombres - numbers
non - no
normalement - normally
nous - we

nouveau - new
nouvelle - new
nouvelles –
news

o

on - we
ont - (they)
have
opinions -
opinions
ou - or
où - where
oublier - to
forget
oui - yes
ouvert - open,
opened
ouvre - (s/he)
opens

p

pages - pages
papa - dad

par - for,
through
par (terre) -
on the ground
parce que -
because
parents -
parents
parfait(e) -
perfect
parlé - talked
parle - (s/he)
talks
parlent - (they)
talk
parler - to talk
partir - to leave
pas - not
passe - (s/he)
spends (time)
(se) passe - is
happening
passer - to
spend (time)
pendant -
during, for
pensées -
thoughts

pense - (I) think, (s/he) thinks

penses - (you) think

perdue - lost

perplexe - confused

personalité - personality

personne - person, no one

petit - small

père - father

peu - a little

peur - fear

peut - (s/he) can

peux - (I) can, (you) can

photo(s) - photo(s)

(s'il te) plaît - please

pleurant - crying

pleurer - to cry

plus - more

plus (tard) - later

poche - pocket

policier - police officer

populaire - popular

portable - cell phone

possible - possible

pour - for

pourquoi - why

pouvait - (s/he) was able to

pouvons - (we) can

prend - (s/he) takes

préparé - prepared

près (du) - near

présidente - president

problème - problem

prochain(e) - next

prof - teacher
projets - projects
protéger - to protect

q

qu' - that, what, than
quand - when
que - that, what, than
quelqu'un - someone
quelque - some
qui - who
quoi - what

r

rapidement - fast
réagir - to react
réalité - reality
réels - real

regarde - (I) look at, (s/he) looks at
regardent - (they) look at
regarder - to look at
regrette - sorry
relation - relationship
religieuse - religious
remarqué - noticed
remarque - (I) notice, (s/he) notices
rend - makes
rendez-vous - date
rentré - went back
rentre - (s/he) goes back
répond - (s/he) responds
répondre - to respond

réponds - (you) respond

répondu - responded

représenter - to represent

ressent - (s/he) feels deeply

reste - (s/he) stays

(en) retard - late

retour - return

retourne (sur terre) - come back to earth

retourne - (s/he) returns

(se) retourne - (s/he) turns around

réunion - meeting

réveiller - to wake

rien - nothing

S

sa - his, her

sais - (I) know, (you) know

sait - (s/he) knows

salut - hi

sans - without

sarcastiquement - sarcastically

secret(s) - secrets

selon - according to

semaine(s) - week(s)

sent - (s/he) feels

sentiment(s) - feelings

sentir - to feel

sera - (s/he) will be

serai - (I) will be

ses - his, her

seule - only

seulement - only
si - if
silence - silence
silencieuses - silent, quiet
simple - simple
sincère - sincere
site - site
situation - situation
soient - (they) are
soir - night
soit - (s/he) is
solitude - loneliness
sombre - dark
sommes - (we) are
son - his, her
sont - (they) are
soudain - suddenly
soupe - soup
sourire - to smile

sourit - (s/he) smiles
sous - under
souvenirs - memories
spéciale - special
sportif(s) - athletic
stressée - stressed
stupide - stupid
suis - (I) am
suivantes - following
(au) sujet (de) - about
sur - on
suprise - surprised
surtout - especially
sympathique - nice

t

t' - you

ta - your
table - table
te - you, to you
temps - time
(se) termine - ends
terre - earth, ground
tes - your
texto(s) - text(s)
toi - you
ton - your
touche - (s/he) touches
toujours - always
tourne - (s/he) turns
tous - all, every
tout - all, everything
tout (le monde) - everyone
toutes - all
très - very
traditionelle(s) - traditional

tranquille - calm
travail - work
travaille - (s/he) works
travaillent - (they) work
travailler - to work
traverse - go through
tremblent - (they) tremble
trembler - to tremble
tristement - sadly
trois - three
trop - too
tu - you
tuteur - tutor

u

un(e) - a. an
utilisés - used

V

va - (s/he) goes
vais - (I) go
vendredi - friday
vers - toward
veut - (s/he) wants
veux - (I) want, (you) want
vibre - is vibrating
vie - life
viens - (you) come
vient - (s/he) comes
vit - (s/he) lives
voilà - here it is
voir- to see
voit - (s/he) sees
voiture - car
vont - (they) go
voulait - (s/he) wanted

voulu - wanted
vous - you (plural)
vu - saw

W

week-end - you

y

y - there
yeux - eyes

ABOUT THE AUTHOR

Theresa Marrama is a French teacher in Northern New York. She has been teaching French to middle and high school students since 2007. She is the author of many language learner novels and has also translated a variety of Spanish comprehensible readers into French. She enjoys teaching with Comprehensible Input and writing comprehensible stories for language learners.

Theresa Marrama's books include:

Une Obsession dangereuse, which can be purchased at www.fluencymatters.com

Her French books on Amazon include:

Une disparition mystérieuse
L'île au trésor:
Première partie: La malédiction de l'île Oak
L'île au trésor:
Deuxième partie: La découverte d'un secret
La lettre
Léo et Anton
La Maison du 13 rue Verdon
Mystère au Louvre
Perdue dans les catacombes
Les chaussettes de Tito

Her Spanish books on Amazon include:

La ofrenda de Sofía
Una desaparición misteriosa
Luis y Antonio
La carta
La casa en la calle Verdón
La isla del tesoro: Primera parte: La maldición de la isla Oak

Her German books on Amazon include:

Leona und Anna
Geräusche im Wald
Der Brief
Nachts im Wald

Check out Theresa's website for more resources and materials to accompany her books:

www.compelllinglanguagecorner.com

Manufactured by Amazon.ca
Bolton, ON